Leo Spitzer
Três poemas sobre o êxtase

John Donne – San Juan de la Cruz – Richard Wagner

Tradução
Samuel Titan Jr.

Poemas traduzidos por Augusto de Campos, Carlito Azevedo, Haroldo de Campos

editora■34

7   **John Donne**
    O êxtase [*The extasie*]

15 **San Juan de la Cruz**
    Em uma noite escura [*En una noche escura*]

21 **Richard Wagner**
    Tristão e Isolda [*Tristan und Isolde*]

27 **Leo Spitzer**
    Três poemas sobre o êxtase

John Donne
O êxtase
[*The extasie*]

Tradução
Augusto de Campos

The Extasie

Where, like a pillow on a bed,
A pregnant banke swel'd up, to rest
The violets reclining head,
Sat we two, one another's best.

Our hands were firmely cimented
With a fast balme, which thence did spring,
Our eye-beames twisted, and did thred
Our eyes, upon one double string;

So to'entergraft our hands, as yet
Was all the meanes to make us one,
And pictures in our eyes to get
Was all our propagation.

As 'twixt two equall Armies, Fate
Suspends uncertaine victorie,
Our soules, (which to advance their state,
Were gone out,) hung 'twixt her, and mee.

And whil'st our soules negotiate there,
Wee like sepulchrall statues lay;
All day, the same our postures were,
And wee said nothing, all the day.

If any, so by love refin'd,
That he soules language understood,
And by good love were growen all minde,
Within convenient distance stood,

O Êxtase

Onde, qual almofada sobre o leito,
Grávida areia inchou para apoiar
A inclinada cabeça da violeta,
Nós nos sentamos, olhar contra olhar.

Nossas mãos duramente cimentadas
No firme bálsamo que delas vem.
Nossas vistas trançadas e tecendo
Os olhos em um duplo filamento;

Enxertar mão em mão é até agora
Nossa única forma de atadura
E modelar nos olhos as figuras
A nossa única propagação.

Como entre dois Exércitos iguais.
Na incerteza, o Acaso se suspende,
Nossas almas (dos corpos apartadas
Por antecipação) entre ambos pendem.

E enquanto alma com alma negocia,
Estátuas sepulcrais ali quedamos
Todo o dia na mesma posição,
Sem mínima palavra, todo o dia.

Se alguém — pelo amor tão refinado
Que entendesse das almas a linguagem,
E por virtude desse amor tornado
Só pensamento — a elas se chegasse,

He (though he knew not which soule spake,
Because both meant, both spake the same)
Might thence a new concoction take,
And part farre purer then he came.

This Extasie doth unperplex
(We said) and tell us what we love,
Wee see by this, it was not sexe,
Wee see, wee saw not what did move:

But as all severall soules containe
Mixtures of things, they know not what,
Love, these mixt soules, doth mixe againe,
And make both one, each this and that.

A single violet transplant,
The strength, the colour, and the size,
(All which before was poore, and scant,)
Redoubles still, and multiplies.

When love, with one another so
Interinanimates two soules,
That abler soule, which thence doth flow,
Defects of lonelinesse controules.

Wee then, who are this new soule, know,
Of what we are compos'd, and made,
For, th' Atomies of which we grow,
Are soules, whom no change can invade.

But O alas so long so farre
Our bodies why doe wee forbeare?
They are ours, though they are not wee, Wee are
The intelligences, they the spheare.

Pudera (sem saber que alma falava,
Pois ambas eram uma só palavra)
Nova sublimação tomar do instante
E retornar mais puro do que antes.

Nosso êxtase — dizemos — nos dá nexo
E nos mostra do amor o objetivo,
Vemos agora que não foi o sexo,
Vemos que não soubemos o motivo,

Mas que assim como as almas são misturas
Ignoradas, o amor reamalgama
A misturada alma de quem ama,
Compondo duas numa e uma em duas.

Transplanta a violeta solitária:
A força, a cor, a forma, tudo o que era
Até aqui degenerado e raro
Ora se multiplica e regenera.

Pois quando o amor assim uma na outra
Interinanimou duas almas,
A alma melhor que dessas duas brota
À magra solidão derrota.

E nós, que somos essa alma jovem,
Nossa composição já conhecemos
Por isto: os átomos de que nascemos
São almas que não mais se movem.

Mas que distância e distração as nossas!
Aos corpos não convém fazermos guerra:
Não sendo nós, são nossos, Nós as
Inteligências, eles a esfera.

We owe them thankes, because they thus,
Did us, to us, at first convay,
Yeelded their forces, sense, to us,
Nor are drosse to us, but allay.

On man heavens influence workes not so,
But that it first imprints the ayre,
Soe soule into the soule may flow,
Though it to body first repaire.

As our blood labours to beget
Spirits, as like soules as it can,
Because such fingers need to knit
That subtile knot, which makes us man:

So must pure lovers soules descend
T'affections, and to faculties,
Which sense may reach and apprehend,
Else a great Prince in prison lies.

To'our bodies turne wee then, that so
Weake men on love reveal'd may looke;
Loves mysteries in soules doe grow,
But yet the body is his booke.

And if some lover, such as wee,
Have heard this dialogue of one,
Let him still marke us, he shall see
Small change, when we'are to bodies gone.

Ao contrário, devemos ser-lhes gratas
Por nos (a nós) haverem atraído,
Emprestando-nos forças e sentidos:
Escória, não, mas liga que nos ata.

A influência dos céus em nós atua
Só depois de se ter impresso no ar.
Também é lei de amor que alma não flua
Em alma sem os corpos transpassar.

Como o sangue trabalha para dar
Espíritos, que às almas são conformes,
Pois tais dedos carecem de apertar
Esse invisível nó que nos faz homens,

Assim as almas dos amantes devem
Descer às afeições e às faculdades
Que os sentidos atingem e percebem,
Ou um Príncipe jaz aprisionado.

Aos corpos, finalmente, retornemos,
Descortinando o amor a toda a gente;
Os mistérios do amor, a alma os sente,
Porém o corpo é as páginas que lemos.

Se alguém — amante como nós — tiver
Esse diálogo a um ouvido a ambos,
Que observe ainda e não verá qualquer
Mudança quando aos corpos nos mudamos.

San Juan de la Cruz
Em uma noite escura
[*En una noche escura*]

Tradução
Carlito Azevedo

En una noche escura

I
En una noche escura,
Con ansias en amores inflamada,
¡Oh dichosa ventura!
Salí sin ser notada,
Estando ya mi casa sosegada;

II
A escuras y segura,
Por la secreta escala, disfrazada,
¡Oh dichosa ventura!
A escuras, y en celada,
Estando ya mi casa sosegada.

III
En la noche dichosa,
En secreto, que nadie me veía,
Ni yo miraba cosa,
Sin otra luz y guía,
Sino la que en el corazon ardía,

IV
Aquesta me guiaba
Más cierto que la luz del mediodía,
Adonde me esperaba
Quien yo bien me sabía
En parte donde nadie parecía.

Em uma noite escura

I
Em uma noite escura,
Com ânsias em amores inflamada
— Ó ditosa ventura! —,
Saí sem ser notada,
Já minha casa estando sossegada;

II
No escuro e bem segura,
Pela secreta escada, disfarçada
— Ó ditosa ventura! —,
No escuro e bem velada,
Já minha casa estando sossegada.

III
Nessa noite almejada,
Em segredo, que mais ninguém me via,
Nem eu olhava nada,
Sem outra luz ou guia
Senão a que no coração ardia.

IV
E tal luz me guiava,
Mais reto do que a luz do meio-dia,
Aonde me esperava
Quem eu bem conhecia,
Ali onde ninguém aparecia.

V
¡Oh noche, que guiaste,
Oh noche amable más que la alborada,
Oh noche, que juntaste
Amado con Amada,
Amada en el Amado transformada!

VI
En mi pecho florido,
Que entero para él sólo se guardaba,
Allí quedó dormido,
Y yo le regalaba,
Y el ventalle de cedros aire daba.

VII
El aire del almena,
Cuando yo sus cabellos esparcía,
Con su mano serena
En mi cuello hería
Y todos mis sentidos suspendía.

VIII
Quedéme y olvidéme,
El rostro recliné sobre el Amado;
Cesó todo, y dejéme,
Dejando mi cuidado
Entre las azucenas olvidado.

V
Ó noite que guiaste,
Ó noite mais amável que a alvorada,
Ó noite que juntaste
Amado com Amada,
Amada em seu Amado transformada!

VI
Em meu peito florido,
Que inteiro para ele se guardava,
Pousou adormecido,
E eu só o acarinhava,
E de cedros um leque brisa dava.

VII
A brisa dessa ameia,
Quando eu os seus cabelos espargia,
Com mão serena e cheia
Em meu colo batia
E todos meus sentidos suspendia.

VIII
Esqueci-me, quedei-me,
O rosto reclinei sobre o Amado;
Tudo parou, deixei-me,
Deixando meu cuidado
Por entre as açucenas olvidado.

Richard Wagner
Tristão e Isolda
[*Tristan und Isolde*]
Ato III – cena 3
[III. Aufzug – 3. Auftritt]

Tradução
Haroldo de Campos

Tristan und Isolde

Mild und leise
wie er lächelt,
wie das Auge
hold er öffnet:
seht ihr, Freunde,
säh't ihr's nicht?
Immer lichter
wie er leuchtet,
wie er minnig
immer mächt'ger
Stern-umstrahlet
hoch sich hebt:
seht ihr, Freunde,
säh't ihr's nicht?
Wie das Herz ihm
muthig schwillt,
voll und hehr
im Busen quillt;
wie den Lippen
wonnig mild
süsser Athem
sanft entweht: —
Freunde, seht —
fühlt und seht ihr's nicht?
Höre ich nur
diese Weise,
die so wunder —
voll und leise,
Wonne klagend

Tristão e Isolda

Leve e grácil
Quando ele ri,
Enquanto aberto
Mantém o olho:
Amigos, vede, 5
Vede! Sim ou não?
Brilho-brilhante
Quando radiante,
Sempre gracioso,
Todo-charmoso, 10
Circunstrelado,
Alto se alçando:
Amigos, vede,
Vede! Sim ou não?
Como um fogoso 15
Coração pleno a
Efundir do peito
Um fogo intenso,
Quando de brando
Topázio-mel 20
Lábios de aroma
Respiram céu:
Amigos, vede,
Senti! Sim ou não?
Somente ouço 25
Desses sons lindos
Doces balouços,
Plenissuaves.
Delícias trinam

Alles sagend,
mild versöhnend
aus ihm tönend,
auf sich schwingt,
in mich dringt,
hold erhallend
um mich klingt?
Heller schallend,
mich unwallend,
sind es Wellen
sanfter Lüfte?
Sind es Wogen
wonniger Düfte?
Wie sie schwellen,
mich umrauschen,
soll ich athmen,
soll ich lauschen?
Soll ich schlürfen,
untertauchen,
süss in Düften
mich verhauchen?
In des Wonnemeeres
wogendem Schwall,
in der Duft-Wellen
tönendem Schall,
in des Welt-Athems
wehendem All —
ertrinken —
versinken —
unbewusst —
höchste Lust!

Tudo-dizendo,
Doce-emanando,
Sons-consoando,
Se entre-ressoando,
Me compelindo,
Fonte-levando
Tinindo em mim?
Cristal-cobrindo-me,
Me circondeando,
Ondas exsurgem
Doce-halitantes?
Ondas exsurgem,
Doce-balsâmicas?
No que se inflam,
Me murmurando,
Devo arquejar,
Devo auscultar,
Devo engolfar-me,
Submergir-me,
Em dulcearomas
Me esvanecer?
No escarcéu-reboante
Do mar gozoso,
No úndeo-perfúmeo,
No eco-ecoante,
No mundo-alentos
Do Todo-Arfante
Embeber-me,
Fundo-abismar-me,
Incônscia numa
Suma volúpia!

Leo Spitzer
Três poemas sobre o êxtase
John Donne – San Juan de la Cruz – Richard Wagner

Em seu artigo de "adeus à crítica" ("A Farewell to Criticism", na revista *Poetry* de janeiro de 1948), o poeta americano Karl Shapiro escreveu: "contesto o princípio subjacente à *explication de texte*. Um poema não deveria servir como tema de estudos linguísticos, semânticos ou psicológicos. [...] Poesia não é linguagem, mas uma linguagem *sui generis,* que só pode ser entendida, parafraseada ou traduzida como poesia. [...] Uma mesma palavra que figure em um trecho de prosa ou em um verso transforma-se em duas palavras diferentes, nem mesmo semelhantes, exceto em aparência. Eu preferiria designar a palavra da poesia como 'não-palavra' [...] um poema é uma construção literária composta de não-palavras que, tomando distância do sentido, alcançam por meio da prosódia um sentido-além-do-sentido. Não se sabe qual é a finalidade de um poema". (Por "prosódia" o senhor Shapiro refere-se não apenas ao ritmo poético como também às associações poéticas e às figuras de linguagem.)

Assim, na opinião de um poeta respeitável, deveríamos resolutamente evitar aquilo que pretendo fazer nesta série de preleções: *explication de texte* aplicada à poesia. Ora, o crítico literário dotado de conhecimento histórico pode relevar a revolta periódica dos poetas contra os críticos que pretendem explicar sua poesia — essa atitude "poética" data do período romântico. Não teria ocorrido a Dante, San Juan de la Cruz, Racine ou Milton duvidar que sua poesia, representativa, segundo julgavam, de sentimentos universais, pudesse ser explicada por seus contemporâneos; mais que isso, esses poetas esforçaram-se pessoalmente por explicá-la. Entretanto, desde a descoberta, no século XVIII, do "gênio original", que não fala pela humanidade, mas por si mesmo apenas, o sentido irracional da poesia tem sido mais e mais sublinhado pelos poetas; todos nós já ouvimos falar de situações típicas como, por exemplo, a de certo professor de literatura francesa explicando o sentido do "Cemitério marinho" de Valéry em um *amphithéâtre* da Sorbonne, enquanto o autor, sentado na plateia, com um sorriso cético de quem diz *que sais-je?*, escutava as afirmações taxativas do comentador. É certo que o poeta de hoje tem a prerrogativa e talvez o direito de defender a natureza irracional, errática mesmo, de sua criação contra toda explicação unilateral, racional ou comportamental. Mas deve-se também ponderar o fato inegável de que a linguagem, o meio específico do poeta, é um sistema simultaneamente racional e irracional; alçada pelo poeta a um plano de irracionalidade ainda maior, ela não deixa de manter seus laços com a linguagem normal, o mais das vezes racional. Simplesmente não é verdade que a poesia consista em "não-palavras", com a possível exceção dos dadaístas ou da seita dos letristas, que cunham palavras inexistentes em qualquer língua humana. A poesia consiste geralmente em palavras de uma dada língua, dotadas de conotações tanto racionais como irracionais, palavras que se transfiguram por obra daquilo que Shapiro chama de "prosódia". Se nos detivermos para examinar uma estrofe de "Nostalgia", poema do próprio Shapiro (que tem pouco de errático, uma vez que o título anuncia para o leitor o objetivo de retratar a nostalgia), veremos que ele recorre constantemente às conotações usuais, isto é, às conotações prosaicas (mas não apenas prosaicas) das palavras inglesas:

My soul stands at the window of my room
And I ten thousand miles away;
My days are filled with Ocean's sound of doom,
Salt and cloud and the bitter spray,
Let the wind blow, for many a man shall die.[1]

Não apenas a situação exterior e interior é clara: Karl Shapiro, soldado que lutou a Segunda Guerra no Pacífico, observa o oceano de sua janela e pensa no destino de tantos camaradas de armas que não tornaram a ver a pátria; também a prosódia é assimilável e explicável: o quinto verso, que é o refrão do poema, quebra o ritmo do quarteto precedente com seu anapesto inicial e o choque subsequente de duas sílabas tônicas ("*let the wínd blów*"), evocando o impacto do destino, prefigurado no plano estático do sentido, mas agora emergente e real: "*for many a man shall die*". Mas as palavras *wind* e *blow, man* e *die* são ainda palavras conhecidas da língua inglesa, que preservaram suas conotações costumeiras (de resto, não inteiramente racionais); é tão somente por obra de sua disposição na oração causal (ou melhor, pseudocausal, pois não há nenhuma conexão necessária entre o vento que sopra e a morte de tantos homens) e do ritmo já descrito que se entrevê um outro plano, o da poesia. Desse modo, por meio de palavras cotidianas, surge a possibilidade de uma lógica além da lógica humana, a lógica do destino que determina o sopro do vento e a morte dos homens. O leitor experiente pensará imediatamente na técnica da balada folclórica, de Villon em "Mais où sont les neiges d'antan?" ou da canção final de *Noite de reis* [*Twelfth Night*] — "The rain it raineth every day" —, em que se confere a palavras de aparência trivial uma nova função: sugerir a necessidade de submissão ao des-

---

1 Em tradução meramente literal: "Minha alma está à janela do meu quarto/ E eu, dez mil milhas ao longe;/ Meus dias são tomados pelo som fatídico do Oceano,/ Sal e névoa e espuma amarga,/ *Que o vento sopre, pois muito homem há de morrer*". [N.T.]

tino, figurado pelos elementos. Em vez de dizer que a poesia consiste em "não-palavras que, tomando distância do sentido, alcançam por meio da prosódia um sentido-além-do-sentido", eu sugeriria que ela consiste em *palavras*, cujo sentido é *preservado* e que, pela magia do trabalho prosódico do poeta, alcançam um sentido-além-do-sentido; e diria igualmente que a tarefa do filólogo consiste em assinalar o modo como se deu a transfiguração. A irracionalidade do poema não precisa perder nada às mãos de um crítico linguístico discreto; ao contrário, este há de trabalhar em consonância com o poeta (mas sem fazer caso de sua aprovação) na medida em que retrace paciente e analiticamente o caminho do racional ao irracional — distância que o poeta pode ter coberto de um único salto audaz.

Tomemos três poemas que tratam mais ou menos do mesmo tema — a união extática do eu humano com algo que lhe é exterior —, de modo a estudar a transformação mágica por que passam as palavras de uma certa língua às mãos de poetas que lograram fazer de suas experiências íntimas uma realidade poética para o leitor.

Publicado em 1633, o poema de John Donne sobre "O êxtase" ["The Extasie"] começa por descrever a situação de dois amantes reclinados sobre um banco de relva recendente a violetas à margem de um rio; nesse cenário, eles vivem uma união mística de caráter neoplatônico, sem que a paixão física os distraia ou transtorne.[2] [Ver pp. 7-13.]

O autor obviamente pretende oferecer, sob feição poética, uma definição intelectual do estado extático de duas almas que emergem de seus corpos para se fundir tão completamente que se tornam unas. O termo grego *ekstasis*, "sair, partir", é parafraseado literalmente nos versos 15-16, "*Our soules, (which to advance their state,/ Were gone out,)*", que se deve contrastar

---

[2] O professor Dean Cameron Allen, que chamou minha atenção para o poema de Donne, assinala que o cenário é semelhante ao que se encontra num poema de Sir Philip Sidney (*The Complete Works*, II. Ed. Feuillerat, p. 274).

com o verso final, "*Small change, when we'are to bodies gone*" (isto é, quando voltamos à vida normal). Dois fenômenos devem ser descritos pelo poeta: a separação entre a alma e o corpo (a *ekstasis* propriamente dita) e a união das duas almas. Ambos são explicados com uma técnica de insistência sobre os mesmos fatos, descritos com riqueza de variações. Eis uma lista com as várias referências à ideia de que "dois se tornam um":

4	*we two, one another's best*
5	*Our hands were firmely cimented*
7-8	*thred/ Our eyes, upon one double string*
9-10	*to'entergraft our hands, [...]/ [...] to make us one*
15-16	*Our soules, [...]/ [...] hung 'twixt her, and mee*
26	*both meant, both spake the same*
35	*Love, these mixt soules, doth mixe againe*
36	*make both one, each this and that*
41-42	*with one another so/ Interinanimates two soules*
59	*soule into the soule may flow*
74	*this dialogue of one*

O conceito de "união" sugere o corolário de "procriação"; com efeito, encontram-se várias referências em nosso poema ao fruto da união dos amantes, sempre no mesmo plano espiritual desta:

5-6	*Our hands were firmely cimented/ With a fast balme, which* thence did spring
11-12	*pictures [...]/ Was all our* propagation
15-16	*Our soules, (which to* advance their state,/ Were gone out,)
27	*thence a new* concoction *take*
43	*That* abler *soule, which thence doth flow*
45	*Wee then, who are* this new soule

E poderíamos ainda acrescentar os dois primeiros versos, "*Where, like a pillow on a bed,/ A pregnant banke swel'd up*", que fornecem à procriação intelectual dos amantes um pano de fundo de natureza e vida vegetal exuberantemente férteis;[3] compare-se a passagem aos versos 37-40 (por mais que esse quarteto possa parecer uma interpolação posterior): assim como uma violeta, transplantada em terreno novo, viceja com vida renovada, assim também as almas, no novo solo que o amor lhes oferece (o solo da duplicação), poderão "redobrar e multiplicar" suas potencialidades.

A ideia de êxtase propriamente dita é retomada no símile (versos 13-16) dos dois exércitos sobre os quais o Destino paira

[3] Esse "*pregnant banke swel'd up*" é obviamente um traço da "paisagem ideal" literária, *topos* recentemente estudado por E. R. Curtius, *Europäische Literatur und lateinisches Mittelalter* (Berna, 1948), pp. 189ss. [cf. pp. 241-61 da tradução brasileira, *Literatura europeia e Idade Média latina* (São Paulo, 1996)]; a fonte primordial de tais passagens é Virgílio, *Bucólicas*, III, 55-57: "*Dicite, quandoquidem* in molli consedimus herba./ *Et nunc omnis ager, nunc omnis* parturit *arbos*,/ *Nunc frondent silvae; nunc formosissimus annus*", ou "Dizei, já que *estamos sentados na erva macia*./ E agora todo o campo, agora toda árvore *está pronta para produzir*,/ Agora as florestas enchem-se de folhas, agora o ano está na época mais bela". Esse é exatamente o cenário do poema de Donne: um recanto natural, embelezado pela vegetação abundante; convidando ao repouso e ao desfrute. Em outra paisagem ideal de Virgílio (*Buc.*, II, 45ss.), mencionam-se oito espécies de plantas e, no poeta romano tardio Tiberianus, mais quatro (entre as quais as violetas: "*tum nemus fragabat omne violarum spiritu*", ou "então o bosque exalava um odor com toda a emanação das violetas"); mas Donne menciona apenas a violeta, provavelmente a fim de sublinhar o clima amoroso, uma vez que, para os antigos, a violeta é a flor que simboliza o amor: "*tinctus viola pallor amantium*", ou "a palidez tingida de violeta dos amantes" (Horácio, *Odes*, III, 10), e ainda "*palleat omnis amans, hic est color aptus amanti*", ou "todo amante empalideça, esta é a cor adequada ao amante" (Ovídio, *Ars amatoria*, I, 727). Cf. Petrarca, "*S'un* pallor di viola e d'amor *tinto*", "*Amorosette et pallide viole*" (*Concordanza delle Rime di F Petrarca*. Ed. McKenzie, verbete *viola*), e Camões, "Pintando estava ali Zéfiro e Flora/ Às violas da cor dos amadores" (*Lusíadas*, IX, 61; vide Richard Francis Burton, *Camoens*, IV, p. 657).

e com quem as almas negociam — símile que se desdobra na imagem seguinte da dupla lápide com figuras reclinadas, da qual as almas acabam de fugir. A ideia de almas desencarnadas recorre no verso 23, "*by good love* [...] *growen all minde*", nos versos 47-48, "*For th' Atomies of which we grow,/ Are soules, whom no change can invade*", e ainda nos versos 51-52, "*Wee* [nossas almas] *are/ The intelligences, they* [nossos corpos] *the spheare*" — pois, na cosmologia medieval, as esferas são movidas pelas inteligências angélicas.

O último terço do poema dedica-se inteiramente a uma justificação do corpo: uma vez que este deve ser abandonado para que a alma conheça o êxtase, poderíamos supor que o corpo é apenas um empecilho para o espírito. Mas Donne insiste em reabilitá-lo, descrevendo o serviço que o corpo presta ao espírito. Por meio dos sentidos, o corpo torna-se mediador entre as almas comprometidas: segundo o verso 56, o corpo não é *drosse* (escória), mas *allay* (modernamente: *alloy*, liga). Ademais, ele produz os "espíritos" (*spiritelli, esprits vitaux*), que são intimamente ligados à alma e produzem as imagens sensuais que conduzem à revelação do amor: "*Loves mysteries in soules doe grow,/ But yet the body is his booke*". Donne conclui repetindo o motivo da imutabilidade das almas unidas em êxtase.

Não podemos escapar à impressão de que o poeta procede, ao longo do poema, à maneira de um fiel que pretende inculcar em seu público as convicções arraigadas em sua mente. Com efeito, ele é tão ciente da necessidade de *convencer* os outros que, não satisfeito com o público leitor, gostaria de introduzir no próprio poema uma testemunha ou um ouvinte capaz de entender a linguagem do amor (versos 21-22), alguém que, "*within convenient distance*" (verso 24), escutasse esse "*dialogue of one*" (verso 74). Essa testemunha não deixaria de testemunhar a pureza do ato místico e o efeito duradouro do êxtase, mesmo após o retorno das almas extáticas a seus corpos.

Para convencer seus leitores, o poeta adota uma técnica quantitativa: ele multiplica as evidências de modo a martelar suas convicções. Com símiles novos (*to ciment, to graft, balm, concoction, to string, violet*) ou neologismos (*to entergraft, to interinanimate*), ele forja a ideia de que "dois se tornam um", e a acumulação de símiles (negociadores militares; figuras sepulcrais; inteligências, não esferas; liga, não escória; mistério, não livro) confere forma à ideia de êxtase. A revelação é retratada de uma perspectiva intelectual, como redução matemática paradoxal: "2 torna-se 1". Não se exprime a profundidade da experiência mística, a sensação de profundidade crescente; nada se revela da gênese dessa experiência, de seu percurso até o momento culminante do transe. O êxtase está lá desde o início, "*this Extasie*" é nomeado no verso 29 e não dura apenas um instante, mas todo o dia. Podemos compartilhar apenas o estado persistente de beatitude-sem-desejo. Uma calma estatuária prevalece em todo o poema. Vemos a nossa frente uma estátua alegórica do Êxtase, desvelada desde o início, com figuras de linguagem flexíveis que giram a sua volta, tecendo guirlandas etéreas, projetando sombras cambiantes — uma complexa figura alegórica, da qual se predicam atributos oriundos dos mais diversos domínios da vida. A mesma observação pode ser feita por uma variação do conhecido dístico de Robert Frost:

> *They all dance around in a circle and suppose,*
> *But the* concept *sits in the middle, and knows.*[4]

Todas as ciências e ofícios podem entrar no poema sob forma de metáforas que dão testemunho do conceito central: o ofício de perfumista, o joalheiro que enfileira pérolas, o jardineiro que transplanta, o negociador militar, o escultor, o alquimista que destila *concoctions*, o cosmologista que estuda a estrutura atômica do uni-

---

4   Em tradução sempre literal: "Todas elas dançam em roda e supõem,/ Mas o *conceito* senta-se no meio, e sabe". No original de Frost, lê-se *Secret* no lugar de *concept*. [N.T.]

verso — todos desfilam em cortejo diante da estátua, num *triumphus pudicitiae* [triunfo do pudor] ao gosto de Petrarca.

As hipérboles de Donne, tantas vezes mal compreendidas pelos críticos, são da mesma ordem que seu procedimento quantitativo: o êxtase era tão grande que "*Our eye-beames twisted, and did thred/ Our eyes, upon one double string* (versos 7-8) — feito que mal se pode visualizar. Mas sua intenção é justamente predicar o impossível. Segundo as exigências do *wit*, do engenho metafísico, o poeta deve atribuir àquilo que descreve tanto o fisicamente impossível como o ilimitado: não bastasse lançar mão de toda a riqueza caleidoscópica da terra, deve ainda introduzir as possibilidades invisualizáveis do impossível — sabendo muito bem que, a despeito de seus esforços, o panegírico será sempre uma mera aproximação. É claro que esse tipo de panegírico tem o efeito de distanciar o objeto louvado: Donne não reencena o que vai no seu íntimo, mas aponta para algo acima dele. No lugar da recriação da experiência intuitiva do poeta, ficamos com uma análise enciclopédica e discursiva. Mas esta é moldada pela beleza rítmica, a beleza do ritmo da fala, com toda sua força de persuasão — um ritmo que faz eco ao movimento íntimo e testemunha a veracidade do relato. Note-se o ritmo (indicando igualdade por meio do retorno quiástico ao mesmo) que acompanha o símile do sepulcro (versos 18-20):

Wee like sepulchrall statues lay;
All day, the same our postures were,
And wee said nothing, all the day.

Veja-se o ritmo com que se retrata a "nova alma" imutável (versos 45-48):

Wee then, who are this new soule, know,
Of what we are compos'd, and made,
For, th'Atomies of which we grow,
Are soules, whom no change can invade.

Por fim, o ritmo meditativo dos versos que indicam a natureza não sexual do amor (versos 31-32):

> Wee see *by this, it was not sexe,*
> Wee see, wee saw *not what did move*

Não pode ser um acaso que o ritmo escolhido pelo poeta soe mais convincente quando a imutabilidade da união é contraposta a fenômenos efêmeros.

Tendo notado que, em nosso poema, o cerne intelectual de uma vivência intuitiva ganha concretude e que uma experiência presumivelmente temporal é reduzida à atemporalidade, podemos observar que a última parte, em que se oferece uma justificação do corpo (o amor começa no corpo e persistirá quando as almas tiverem retornado a ele), é poeticamente menos feliz que o resto — apesar de joias poéticas como o verso 64, "*That subtile knot, which makes us man*" (verso que transforma em poesia uma definição sucinta da natureza psicofísica do homem), ou o verso 68, "*Else a great Prince in prison lies*", no qual entrevemos o Segismundo de Calderón em sua torre, privado da luz dos sentidos.[5] A parte final do poema beira o tratado científico de fisiologia, quer dizer, de fisiologia seiscentista. Qualquer leitor sentirá aqui um anticlímax poético (e pode mesmo suspeitar de uma composição mais tardia): após a visão do êxtase de duas almas unidas em uma, a ideia de retorno ou "queda" para o corpo parece desconcertante. Pois a constituição do homem mortal só lhe permite a visão de um estado de arrebatamento como um ápice isolado, uma morte em vida, seguida de silêncio; o Egmont de Goethe exclama "*So laß mich sterben! Die Welt hat keine Freude auf diese!*" para que o pano caia em seguida.[6] Donne, porém, queria fazer da visão

---

5 O príncipe Segismundo é o protagonista de *La vida es sueño*. [N.T.]
6 *Egmont*, ato III: "Deixa-me morrer, o mundo não tem felicidade maior que esta!". [N.T.]

extática um tributário da vida cotidiana subsequente, realçada por uma tal memória. Mas essa intenção tão moralmente nobre, tão ligada à ideia de reforma e regeneração religiosas, não se presta aqui à fruição estética: tendo participado de um êxtase além do tempo e da mudança, não estamos prontos para retornar a um mundo no qual a mudança, por ligeira que seja, é sempre possível. E a repetição do motivo da testemunha que observa os amantes em sua vida pós-êxtase é indício de que a imaginação poética de Donne minguava.

Além disso, sentimos de alguma maneira que o próprio Donne, a despeito de sua tentativa de justificação da carne, tinha mais convicção íntima da realidade e da beleza da união espiritual do que da necessidade do corpo para essa união. É possível que a índole basicamente protestante de Donne seja responsável por essa atitude contraditória. Pois o distanciamento do corpo é característico do protestantismo: na fé judaica, os direitos do corpo coexistem com as exigências que o Criador impõe à alma humana, ao passo que, no catolicismo, se ergue uma ponte entre corpo e alma por meio do sacramento no qual Cristo se torna presente na união corpórea com os fiéis, que são *membra Christi*. No monumento protestante que Donne ergue à união mística, as figuras que encarnam essa união trazem as marcas de uma mão mais firme do que o pedestal de barro que as suporta. O fato é que Donne não tem resposta para a questão torturante *"But O alas so long so farre/ Our bodies why doe wee forbeare?"* (versos 49-50). Não é por acaso que, neste poema, a palavra *sexe* (verso 31) aparece pela primeira vez na literatura europeia com o sentido moderno de impulso específico, objetivo, definível e questionável que condiciona a vida do homem e da mulher.[7] Também em seu poema "The Primrose" Donne escreve: *"should she/ Be more then woman, shee would get above/ All thought of sexe"*, o que vai de par com *"Wee see by this, it was not sexe"*; em ambos os

---

7   Devo a sugestão ao professor Allen.

casos, o sexo é tratado como um fato menor, que existe para ser transcendido.

Contudo, se o sexo é visto tão nitidamente como algo a ser descartado, não se poderá considerar Donne representante do misticismo religioso, que toma emprestado ao sexo a matéria-prima da sensibilidade psicofísica para acolher, em plano mais elevado, mas *tanto no corpo como na alma*, a invasão do divino.

Foram os místicos espanhóis que, dando carne à experiência espiritual (ao mesmo tempo que partilhavam a atitude de desilusão ou *desengaño* diante do corpo), encontraram a via mais direta para conciliar o esplendor do corpo, redescoberto no Renascimento, e a beleza sobrenatural da graça divina, vivenciada na meditação medieval. Ainda assim, nosso poema, com sua demarcação clara entre corpo e alma, permanecerá como monumento de clareza intelectual. Como é característico o verbo *unperplex* (verso 29), cunhado por Donne (e rimando, a bem do equilíbrio, com *sex*), como ele revela o desejo intenso de esclarecimento intelectual das emoções! É justamente esse desejo que torna John Donne tão caro a nossa época, uma época perplexa, desconfiada das emoções instintivas, preferindo talvez a clareza analítica às sínteses que ela não pode mais ratificar de coração.

Em vista da interpretação do poema de Donne que acabo de sugerir, é quase desnecessário dizer que discordo inteiramente da opinião do falecido professor Legouis, em sua *Histoire de la littérature anglaise*. Legouis, que decerto tinha em mente os inúmeros poemas em que Donne ridicularizava o tema do amor platônico (basta pensar em "The Flea"!), vê em nosso poema um apelo "sofístico" e "insidioso" à consumação física. Os dois amantes, tendo desfrutado por todo um dia a sensação de terem formado uma única alma, "sentem que se tornaram espíritos purificados. Da altura em que planam, o corpo parece coisa de somenos. Pobre corpo, que entretanto merece alguma recompensa por tê-los conduzido um ao outro. É justo que se pense nele! Por que nossos corpos se abstêm por tanto tempo? Um grande príncipe jaz aprisionado!". Ora, para justificar essa interpretação carnal, Legouis lê o verso 50 ("*Our bodies why doe wee forbeare?*") como se *forbeare* não significasse "suportar, tolerar", como eu entendo, e sim "refrear, controlar". Mais adiante, no último verso ("*Small change, when we'are to bodies gone*"), que expliquei como retorno inevitável do êxtase à vida cotidiana, Legouis vê uma alusão ao amor físico. E o que nos pareceu uma descrição da origem do amor, que deve começar no corpo seu caminho rumo ao êxtase, foi tomado por Legouis como convite, *hic et nunc*, à satisfação do corpo; com isso, o nobre verso 68 ("*Else a great Prince in prison lies*"), que descreve a condição mortal do homem, representaria o clímax do convite carnal: o eterno apelo choroso que o homem dirige à mulher.

Diante de tanta sabedoria gálica, de tanta familiaridade com os velhos estratagemas de um sedutor astuto (um Valmont de *As ligações perigosas)*, como devem parecer ingênuas as minhas observações! Mas às vezes a candura é a via mais direta para o entendimento: preferi acreditar no que o poeta diz de início, com voz inconfundivelmente verídica, sobre a beleza e a realidade do *ekstasis* espiritual. Se lhe dermos crédito nesse ponto, não poderemos ver na parte final um convite à carnalidade — caso em que a primeira parte seria mero estratagema. E a sinceridade de "*Wee see by this, it was not sexe,/ Wee see, wee saw not what did move*" — será esse o tom da hipocrisia? Deveríamos suspeitar que o poeta já sabia então o que o sexo é capaz de mover? E quanto àquela testemunha que Donne invoca ao final, "*When we'are to bodies gone*", é difícil acreditar que Donne esteja chamando a testemunhar o ato físico aquela que o próprio poeta descrevera como "*by good love* [...] *growen all minde*" (note-se a excelsa expressão agostiniana: *good love, amor bonus*)!

Não, prefiro ver em nosso poema antes uma glorificação do *ekstasis* autêntico (talvez sem força de persuasão artística, pela nobre razão que já sugerimos) do que uma exibição tortuosa de filosofia neoplatônica destinada a produzir o inevitável desfecho mundano: não vejo nele um *argumentum ad hominem*, ou melhor, *ad feminam*, mas sim, em acordo com o próprio Donne, um *dialogue of one* — ou, se preferirem, um monólogo de dois.

Dissemos que a sensibilidade judaica — e creio que isso seja tão verdadeiro hoje como no tempo dos patriarcas — admite a coexistência do corpo e da alma na presença de Deus, sem contudo fazer qualquer esforço por fundi-las. Assim, não é de surpreender que um sensual epitalâmio oriental, que havia ingressado no cânone bíblico judaico, o Cântico dos Cânticos ("*die herrlichste Sammlung Liebeslieder, die* Gott geschaffen hat",[8] como Goethe o chamou), tenha sido transformado pela exegese cristã em tratado alegórico sobre a união mística. É esse tema místico que encontramos no poema espanhol "En una noche escura", que poderíamos descrever como um Cântico dos Cânticos católico, uma vez que sua inspiração provém do cântico hebraico reinterpretado. Esse poema, escrito por volta de 1577 pelo monge carmelita San Juan de la Cruz, é um exemplo perfeito de como o corpo pode se transformar em tributário da experiência mística. O santo católico trata, nada mais nada menos, da união extática não com um ser humano, mas com o divino, em termos que constantemente fundem alma e corpo. [Ver pp. 15-19.]

8   Isto é, "a mais magnífica coleção de canções de amor que *Deus jamais criou*". [N.T.]

Conforme reconheceram seus melhores comentadores, o francês Baruzi e o espanhol Dámaso Alonso,⁹ o poema divide-se em três partes: o começo da peregrinação da alma (estrofes I-IV), a chegada e a anunciação da união mística (estrofe V), e a cena da união propriamente dita (estrofes VI-VIII). Para que possamos compreender esse organismo poético, comecemos novamente por uma "lista", como fizemos na explicação do poema de Donne. Naquele caso, foi a sequência de símiles que nos permitiu penetrar no procedimento compositivo do poeta; aqui, entretanto, começaremos por um detalhe linguístico, trivial à primeira vista: começando pelos tempos verbais, façamos uma lista dos pretéritos utilizados em nossa curta narrativa, pois são eles que conduzem a ação; formam, por assim dizer, o alicerce dramático, expressando um desenvolvimento ininterrupto. Veremos que seu número aumenta ao final do poema: na primeira parte, há apenas *salí* (estrofe I); na segunda parte, apenas *guiaste* e *juntaste* (estrofe V); na terceira parte, além de *allí quedó dormido* (estrofe VI), encontramos cinco pretéritos na última estrofe, quatro deles em verbos de movimento: a ação, como disse antes, é concebida em termos corporais. Esse acréscimo de verbos dramáticos rumo ao final do poema coincide, estranhamente, com o decréscimo da ação dinâmica ou voluntária da parte do protagonista: a alma enamorada que, na primeira parte, saíra resolutamente em peregrinação será guiada pela noite na segunda parte, e é a noite que a leva a seu Amado (ele mesmo passivo: *quedó dormido*), quando então todo esforço cessa; na última estrofe, a atividade da alma resume-se a uma autoextinção gradual: *cesó todo*. Esse contraste entre a acumulação de tempos dramáticos e o *smorzando* das

---

9 Jean Baruzi, *Saint Jean de la Croix et le problème de l'expérience mystique* (Paris, 1931, 2ª ed.), e Dámaso Alonso, *La poesía de San Juan de la Cruz* (Madri, 1946).

atividades que eles expressam é paradoxal:[10] o clímax da ação é alcançado na inação, na acolhida da invasão mística (que só pode ser um dom da graça divina), na autoaniquilação. O primeiro pretérito, *salí*, fora um impulso movido pela ansiedade candente da chama do amor, "*con ansias en amores inflamada*"; no final, *dejéme*, ainda que expressando o abandono de si, funde-se imediatamente com "*dejando mi cuidado* [...] *olvidado*": cessa toda perturbação. A ação do poema, que começa com um movimento ditado pela dor e pelo impulso de apaziguá-la, termina em completo esquecimento de si, livre de dor.

Em posse dessa visão aérea do conjunto e dos traços mais salientes de sua estrutura, retornemos agora ao início e tentemos analisar a sequência das três partes que isolamos.

Na primeira estrofe, como já dissemos, a palavra que dá início ao movimento é *salí*. Mas podemos bem nos perguntar: quem partiu? Quem é o protagonista do poema? O particípio *inflamada* (estrofe I), seguido por *notada* e mais tarde por *amada* e *transformada* (estrofe v), parece indicar um ser feminino; uma vez que esse ser fala em unir-se a seu *Amado*, podemos pensar que a ação se dá nos termos do amor mundano. Ou serão esses particípios femininos predicados daquele ser espiritual, a alma, sempre tida por feminina (e jamais mencionada no poema)? Essa ambiguidade decerto faz parte das intenções do autor, não apenas pelo desejo de expressar figuradamente o espiritual por meio do físico: justamente porque

---

10 Dámaso Alonso, que não faz esta observação, fala apenas da "escassez de verbos" na primeira parte do poema (op. cit., p. 184); se bem o entendi, predominariam ali as construções nominais.

Eu diria que, exceto pela última estrofe, na qual os verbos sem dúvida predominam, ainda assim ganha relevo nas três primeiras estrofes a força do verbo *salí* (do qual, segundo a análise do próprio Alonso, dependem todos os advérbios e parênteses). O verbo principal não está "ausente": ao contrário, ele se faz sentir pelo suporte que empresta às construções nominais. *Salí* simboliza a força de vontade serena da alma que toma seu rumo, indiferente à solidão e à noite.

a identidade do protagonista é dada por sabida, sem necessidade de elucidação, somos arrastados imediatamente para a atmosfera daquela que fala de seu amor e podemos partilhar sua experiência sem questionamentos, à medida que esta se desenrola no poema.

Retornemos a *salí*: de onde se parte? De qual pano de fundo emerge esse movimento súbito? Tão somente as duas primeiras estrofes *em conjunto* delineiam esse pano de fundo; como assinalou Dámaso Alonso, devem ser lidas como uma única oração (sem ponto final separando-as, como se faz em todas as edições): contêm as mesmas rimas e, em seu conjunto, exibem o *parallelismus membrorum* [o paralalelismo dos membros de um período] característico do modelo hebraico, o Cântico dos Cânticos. Compare-se o paralelismo no Cântico (3,1-2):

Em meu leito, nas noites, busquei aquele,
cujo amor é minha alma, busquei-o e não o encontrei.
Vou levantar-me e rodar pela cidade, pelas ruas,
Pelas largas vias buscarei aquele cujo amor é minha alma.
Busquei-o e não o encontrei.

e em nosso poema:

En una noche escura,
Con ansias en amores inflamada,
¡Oh dichosa ventura!
Salí sin ser notada,
Estando ya mi casa sosegada;

A escuras y segura,
Por la secreta escala, disfrazada,
¡Oh dichosa ventura!
A escuras, y en celada,
Estando ya mi casa sosegada.

Essas cadências musicais, quase de dança, contribuem para situar nosso poema no clima do mistério bíblico, no qual aqueles movimentos, que pareceriam erráticos aos não iniciados, são na verdade guiados pela Providência. Na calma da noite, ouvimos esses tons misteriosos, apoiados, digamos assim, por motivos nominais que se repetem com uma constância que sugere a vigência da vontade e do propósito. As repetições não se destinam aqui a esclarecer um conceito por meio de símiles como os de Donne; ao contrário, encontramos aqui alguns motivos nominais muito simples, repetidos com parcimônia e pouquíssima variação: "*¡Oh dichosa ventura!*" repete-se sem alteração, e a mesma coisa se dá com "*estando ya mi casa sosegada*", o que serve para estabelecer a homologia das duas estrofes. Novamente, na sequência "*en una noche escura*", "*a escuras y segura*", "*a escuras, y en celada*", encontramos *escura* repetida três vezes, ao passo que na sequência "*sin ser notada*", "*secreta escala, disfrazada*", "*en celada*" a afinidade é apenas temática, mas sempre notável. Nem sempre há um *eco* musical, ouvem-se contrastes mais sutis: uma alma atiçada pela paixão deixa a casa envolta pelo silêncio *(inflamada, sosegada);* a escuridão noturna (a *escuras*) opõe-se à certeza do propósito (*segura*). E a rima de *ventura* com *segura* também sugere uma contradição, ainda que esta seja suavizada pelo fato de que a aventura é dita *dichosa*, "abençoada". O propósito da alma é, de fato, uma empresa à ventura, rumo ao desconhecido; uma aventura, não no sentido trivial de hoje (uma interrupção caprichosa da vida cotidiana), mas no sentido em que já se disse que a vida na Idade Média era uma aventura: a demanda aventurosa do homem pelo *advento* do divino. A alma que se decidiu a encontrar o divino empenhou-se numa aventura existencial, e o adjetivo *dichosa* indica que podemos contar com uma resposta divina. A palavra *escala*, por sua vez, sugere altura e é símbolo da ascensão da alma (basta lembrar a escada mística de Bernard de Clairvaux).

As duas estrofes seguintes deveriam igualmente ser lidas em conjunto (ainda que ninguém o tenha sugerido até agora), tanto por causa das mesmas rimas em -*ía* como pelo discreto paralelismo que as perpassa. Voltamos a encontrar a alternância de motivos que assegura o fluxo contínuo do poema: as palavras *dichosa* e *secreta* da estrofe II reaparecem; *sin ser notada,* da estrofe I, é retomado por *nadie me veía,* e *en celada* da estrofe II o é por *en parte donde nadie parecía*. Vale ainda notar que, nesse par de estrofes, o verbo central é o imperfeito *guiaba*. Tomada a decisão que o pretérito *salí* anuncia dramaticamente, a ação pode decorrer num ritmo calmo, persistente e seguido, que sugere a decisão firme. E percebemos uma nota nova de serenidade e claridade: *en una noche escura* cede lugar a *en la noche dichosa,* a noite tornou-se um ambiente familiar, em que a alma conhece seu caminho. É nessa escuridão que brilha uma luz proveniente do coração, introduzida negativamente (*"sin otra luz* [...], *sino* [...]"), como se emergisse das trevas. Essa radiância guia (*guia, guiaba*) a alma com mais certeza que o brilho do dia. E o primeiro verso da estrofe IV sugere um suspiro de alívio feliz: *aquesta me guiaba*. Do labirinto da terceira estrofe, que sugere o movimento da alma que procura seu caminho em meio às trevas, emerge o guia certeiro; a luz prodigiosa, de início sugerida aproximativa ou negativamente numa oração subordinada, é agora celebrada abertamente numa oração principal: *aquesta*... A estrutura da oração traduz o firme progresso da alma, encorajada pela esperança íntima (*segura, dichosa*), até o momento em que sua luz interior ilumina tudo à volta e mesmo além, na direção da meta agora bem nítida (*adonde*): aquele (*quien*) cuja morada a alma conhecia instintivamente (*"quien yo bien me sabía/ En parte donde nadie parecía"*). Encontramos aqui a ideia de conhecimento secreto, exclusivo, assim como antes se sugeria uma viagem secreta, clandestina (a escada mística estava *disfrazada*). Esse motivo do amor sub-reptício pode bem ser um resquício das convenções sociopoéticas da lírica amorosa trovadoresca,[11] mas com San Juan de la Cruz ele adquire um sentido místico. Uma vez que o misticismo cristão representa o desenvolvimento máximo da crença cristã em um Deus pessoal, que forma a alma imortal do homem, e como esta, em contrapartida, pressupõe Deus — sendo assim, a alma *mística* pode arrogar-se em isolamento, até mesmo em segredo, um conhecimento desse Deus individual como posse *pessoal*. Com estas últimas linhas a peregrinação chega ao fim, isto é, a esse *quien*, pronome ambíguo que indica um indivíduo sem revelar sua identidade. Mais tarde, esse indivíduo amado aparecerá como *amado* (estrofe v; verso 4) e finalmente como *Amado* (verso seguinte).

Essa técnica de variações musicais e de desdobramento sintático gradual conduziu-nos da *noche escura* a uma luz mais brilhante que o dia, da solidão ao encontro com Aquele que é a meta divina — daquilo que os gregos chamariam de *stéresis* ("privação") à *héxis* ("possessão"). Esses são termos da lógica, e de fato vemos que a ideia de privação, de ausência de características definidas é traduzida por elementos gramaticais negativos, como *sin, nadie, ni... cosa, sin, nadie,* que nos conduzem a *aquesta* e a *quien,* à consumação: não ver nada é o caminho para a visão do Amado. O misticismo pressupõe a privação, a

---

11 Cf. a exposição didática dessa convenção em velhas passagens provençais, como esta: "*Fals amador mi fant gran destorbier,/ Car son janglos, enojos, mal parlier;/ Mas ieu pero tenc* la dreita carrau/ *E vauc avan* suavet *e* a frau./ *Qu'eu l'auzi dir en un ver reprovier:/ Per trop parlar creisson maint encombrier;/ Per qu'eu m'en cel a tot homen carnau*". Shepard e Chambers traduzem-na assim em *Romance Philology*, n. 2, 1948, p. 86: "Muito me irritam os falsos amantes,/ pois são indiscretos, cansativos e de mau falar;/ mesmo assim, sigo o reto caminho/ e avanço suave e secretamente./ Ouvi dizer um dito verdadeiro:/ muitos males vêm de muita conversa;/ por isso guardo meu tesouro de todo homem mortal". Destaquei em itálico as expressões provençais que antecipam as de San Juan de la Cruz; antevê-se aqui a via solitária da alma enamorada que caminha na direção de seu alvo certeiro.

renúncia, a expiação como ponto de partida para a consumação, amplificando assim alguns princípios cristãos: só temos quando nada temos, só vemos a verdade quando fechamos os olhos para o mundo exterior (os olhos do coração, *oculi cordis*, são mais penetrantes que os olhos dos sentidos), a luz do coração brilha mais forte que qualquer outra luz.[12]

Entendemos agora as exclamações de júbilo que abrem a parte seguinte, de uma única estrofe:

> ¡*Oh noche, que guiaste,*
> *Oh noche amable más que la alborada,*
> *Oh noche, que juntaste* [...]!

Também aqui há um paradoxo: "*noche, que guiaste*". É mais natural pensar na luz como guia; mas a essa altura já sabemos que a noite se fez dia (a *stéresis* aparece no esplendor da *héxis*). Essa noite radiante também responde pelo encontro: *juntaste* é o clímax da sequência *guiaba, guiaste, juntaste*. Já notamos que, em *aquesta me guiaba*, havia uma nota nova de tranquili-

---

12 Sobre essa concepção nada clássica ou platônica de escuridão, cf. o magistral ensaio de Rudolf Bultmann, "Zur Geschichte der Lichtsymbolik im Altertum". *Philologus*, n. 97, 1948, pp. 1-36, que data a perda da noção clássica de luz do declínio da *pólis*: na Grécia clássica, a luz do dia era considerada não apenas o melhor meio de orientação como também a fonte primária de esclarecimento mental, ao passo que, nos cultos de mistério posteriores, o homem dualista, tendo perdido confiança na luz do dia, passa a esperar que o conhecimento supremo se revele por meio de poderes sobrenaturais que brilham nas trevas. Nos textos gnósticos, diz-se que a luz do dia é uma "luz escura", e Dionísio Areopagita fala da "divina escuridão". Bultmann compara o templo grego, que se volta diretamente para a luz e cujos menores detalhes podem ser percebidos pelo fiel, à igreja cristã, cujo interior priva o fiel da luz do dia, enquanto se acende uma luz artificial, imagem da inspiração divina que invade seu coração. A mística cristã amplifica de caso pensado as ideias de Dionísio sobre a divina escuridão.

dade (o ímpeto da vontade, anunciado originalmente por *salí*, agora se amaina, conforme a alma se entrega à luz interior); agora, com ¡*Oh noche, que juntaste!*, o guia assumiu a direção, a iniciativa passa da luz do coração para a própria noite, e é tão somente esta que propicia a união. Essa simbologia poética da noite como mediadora do matrimônio espiritual é um traço original de San Juan de la Cruz, conforme apontou Baruzi, que também sugere que se distinga o *símbolo* da noite em nosso poema da *alegoria* da noite, elaborada nos comentários em prosa do poeta.[13] Se a alegoria consiste num jogo intelectual em que uma série de qualidades fixas pertencentes a um reino serve de correspondente a uma série de qualidades fixas pertencentes a outro reino (de modo que uma "tradução" literal seja possível), um símbolo representa a identificação emocional de um complexo de sentimentos a um objeto exterior, o qual, uma vez que se tenha estabelecido a identificação original, produz imagens sempre novas, com ritmo e desenvolvimento próprios, nem sempre passíveis de tradução. O símbolo evolui continuamente no tempo, ao passo que a alegoria se fixa para sempre. A alegoria do amor no *Roman de la Rose* pode ser traduzida passo a passo; a rosa, por exemplo, tem espinhos, perfume delicioso etc., com implicações alegóricas bastante óbvias. Mas a cruz de Cristo é um símbolo: uma vez que a Paixão foi simbolizada por aquele instrumento de tortura, uma vez que Cristo "tomou a si a cruz", esta pode tornar-se, com o passar do tempo, a "balança" que pondera os pecados do mundo, a "árvore" da vida que vence a morte, a "lira" de Orfeu etc. Com San Juan de la Cruz, a noite torna-se um símbolo intraduzível, capaz de gerar novas situações e emoções que se captam paulatinamente: de início, a noite era apenas o ambiente em que a alma solitária começava sua jornada arriscada; agora, ela é o guia e (além de toda tradução) a mediadora entre o amante e o

---

13 Não creio, por exemplo, que as estrofes I e II tratem de duas "noites" distintas, a *noche de los sentidos* e a *noche del entendimiento*.

amado. A própria noite é atraída para a esfera do amor: *noche amable*. Sugere-se uma equação de noite e amor; decerto foi o amor que juntou os amantes, mas também se diz da noite: "¡*Oh noche, que juntaste* [...]!". Assim, a noite equivaleria ao amor. E, ao lado de *amado* e *amada, noche amable* forma um triângulo, sugerindo assim uma relação trinitária.[14] As três variações da raiz *amar* são símbolo dessa alquimia mística.[15]

Da *noche amable* que figura como base da união, da transformação da *amada* em *amado*, diz-se no verso 2 da estrofe v que é "*amable más que la alborada*". Podemos ver aqui uma continuação do motivo (estrofe IV) "*más cierto que la luz del mediodía*", no qual se invertem os valores habituais da noite e do dia. O elogio à noite em prejuízo do dia também contraria a tendência dos hinos cristãos a honrar a estrela da manhã ou o canto do galo como signos da vitória do bem sobre os poderes das trevas e do mal. Tampouco seria o caso de comparar "¡*Oh noche más amable que la alborada* [...]!" à apóstrofe "*o vere beata nox!*" [Ó noite verdadeiramente feliz!], da liturgia da Sexta-Feira Santa, que prepara o fiel para o que pode haver de mais importante, a ressurreição do Senhor no Domingo de Páscoa. Talvez a inspiração poética possa ser traçada até a tradição geral da mística cristã (cf. nota 12), ou ainda ao gênero trovadoresco da *alba*, no qual muitas vezes a glória da noite é

---

14 O recurso de representar a reciprocidade do amor por meio da repetição da raiz de *amare* é bem conhecido por um verso de Dante (*Inferno*, v, 103): "*Amor, ch'a nullo amato amar perdona*", ou "Amor, que a nenhum amado amar perdoa".

15 Cf. *Llibre de Amich e Amat*, de Ramon Llull, no qual a relação entre os protagonistas (Deus e a Alma) também é expressa por duas variações sobre a raiz *am-*. Contudo, esse "símile marital" não se torna tão claro, em virtude do gênero masculino dos dois nomes.

Cf. ainda, no Romance I de San Juan de la Cruz a construção semelhante para descrever a Trindade: "*tres personas y un amado/ entre todos tres había./ Y un amor en todas ellas/ y un amante las hacía;/ y el amante es el amado/ en que cada cual vivía* [...]".

cantada, em desdouro da aurora.[16] Mas é bem verdade que a situação dramática não é a mesma: não há nenhum vigia a postos na torre para avisar os amantes (muitas vezes em vão) do perigo da aurora iminente — aqui, os amantes nada têm a temer.

Neste ponto, vale notar que a metamorfose mística descrita por San Juan de la Cruz (a Amada confundindo-se com o Amado) não implica nenhuma transformação complementar (Amado em Amada), isto é, nenhuma igualdade entre os amantes, como acontecia em Donne. O amor descrito por Donne em um plano espiritual é um amor que não convida à interpretação metafórica de união com o divino, por causa de seu conceito (muito moderno) de igualdade fundamental entre os dois amantes. Se nosso poeta católico é capaz de usar o amor humano como figuração do amor divino, isso se dá porque o próprio amor humano, segundo uma tradição centenária, não implica nenhuma igualdade: a noiva submete-se ao noivo.

Tratamos a estrofe v como ápice lírico do poema, uma interpretação linguisticamente fundamentada na sequência de três apóstrofes à noite. Esse estilo declamatório já fora anunciado pela repetição de "*¡Oh dichosa ventura!*" entre parênteses. Mas agora a nota triunfante chega a sua expansão máxima — e se expressa por meio de um padrão que, na liturgia judaico-cristã (não a encontramos na liturgia pagã, segundo Eduard Norden), era exclusivo das apóstrofes à divindade: um vocativo seguido de orações subordinadas que descrevem os triunfos ou os favores de Deus, por sua vez geralmente seguido de um apelo

---

16 Cf. a cena do *Llibre de Amich e Amat*, 25: "*Cantaven los aucells l'alba, e despertà's l'amic, qui es l'alba; e los aucells feniren llur cant, e l'amic morí per l'amat, en l'alba*", ou "Cantavam os pássaros à aurora e acordou o amigo, que é a aurora, e os pássaros terminaram seu canto, e o amigo morreu pelo Amado, na aurora" — o refrão em prosa *l'alba* indica a situação original.

por mais favores[17] (por menos que se possa, em nosso poema, desejar mais algum favor divino: a alma quer apenas extravasar sua gratidão ao poder carismático do amor).

Finalmente, a cena da *unio mystica:* com as primeiras linhas da estrofe VI, sentimos imediatamente uma nova calma e compostura, em contraste com o tom exultante e sonoro da estrofe precedente. Comecemos por notar a palavra *pecho* — dotada de sentido tanto moral (significando aqui, talvez, o "coração") como físico.[18] Certamente, devemos entender em sentido moral o verso 2 (*"que entero para él solo se guardaba"*), que torna explícita pela primeira vez a motivação monogâmica da peregrinação, daquele *salí* que, de início, parecia urgido por uma paixão súbita, mas agora se revela como profunda lealdade ao divino. Mas não há como escapar à insinuação sensual, logo no primeiro verso, de *pecho florido* (que sem dúvida significa "com perfume de flores"); a alma desencarnada, cujo caminho acompanhamos, adquire um corpo místico. O adjunto adverbial *"en mi pecho florido"* faz pensar em *"en una noche oscura"* e *"en la noche dichosa"*; a noite ambiente cede lugar ao *pecho florido* sobre o qual o Amado repousa: *"En mi pecho florido/ [...]/ Allí quedó dormido"*.

Mas nesse *allí*, nesse advérbio logicamente supérfluo, um tanto coloquial, não se pode sentir uma insistência emocional, como se o *pecho florido* fosse o objetivo alcançado pelo Amado? Até aqui, tratamos da peregrinação apenas como esforço da alma rumo a seu objetivo. Ao descrever essa espera, talvez tenhamos desdenhado a referência, na estrofe IV, ao noivo que a *esperaba* no

---

17 Cf. a *Chanson de Roland*, vv. 2384ss.: "Veire Paterne, ki *unkes ne mentis,/ Seint Lazaron de mort ressurrexis/ E Daniel des leons guaresis,/* Guaris *de mei l'anme de tuz perils* [...]!", ou "*Pai verdadeiro, que* não mentiste jamais,/ trouxeste São Lázaro de entre os mortos/ E salvaste Daniel dos leões,/ *Salva* minha alma de todos os perigos [...]!".
18 Esse duplo sentido só é possível com a substituição dos "seios" do Cântico dos Cânticos pelo *pecho* singular. Note-se também que, no poema hebraico, o perfume emana do noivo, figurado pela mirra.

local do encontro. Agora, podemos ouvir nesse *allí* uma menção delicada ao calmo e firme anseio divino pela alma humana,[19] cuja libertação do desejo se declara nesse *allí* suavemente triunfal (certamente um eco de *aquesta*, suspiro de alívio com que a noiva saudara a luz). Ali o divino repousa. Durante seu sono, a alma conhece o arroubo místico final, descrito na última estrofe. E o sono de Cristo, como entendê-lo? Todos os críticos, calando sobre esse ponto, devem ter pensado apenas no noivo do Cântico dos Cânticos, que figura como "mirra entre os seios" — muito embora não conste que estivesse dormindo. A única hipótese que me parece satisfatória é a lenda medieval do Unicórnio, símbolo de Cristo, que dorme sobre o busto recendente de uma virgem. Contra esse pano de fundo, esse *pecho florido*, "que se guardou apenas para Ele", adquire um significado específico. Em nossa cena idílica em torno ao Deus que repousa, toda atividade se amaina, todos os participantes se calam: a divindade, a alma humana, a natureza — esta última figurada por cedros bíblicos suavemente agitados pela brisa. O teor idílico da cena é realçado pela repetição de *y*, que sugere uma ternura infinita: "*y yo le regalaba/ y el ventalle de cedros aire daba*". A palavra *aire* é repetida no primeiro verso da estrofe seguinte; parece que ainda estamos na mesma atmosfera tranquila, acalentados por uma brisa suave, que talvez brinque com os cabelos do Amado enquanto a Amada os desembaraça. Mas não nos deixemos enganar: esse é "*el aire del almena*" (*almena*, termo de origem árabe, implica um castelo medieval e sua torre). Seria uma sugestão de guerra, ataque súbito, flechas hostis? Dámaso Alonso não deu por esse tom militar: para ele, a torre é um refúgio agradável, ao qual os amantes subiram para desfrutar a brisa que sopra suavemente entre os torreões.[20] Deixemos ao

---

19 Cf. o Cântico dos Cânticos (7,11): "Eu sou de meu amado e *meu é o desejo dele*".
20 Dámaso Alonso, op. cit., p. 70, sugere que essa *almena* vem da *Égloga segunda* de Sebastián de Córdoba, por sua vez proveniente de uma écloga

bom senso dos leitores decidir entre dois quadros contraditórios: os cedros do Líbano seriam altos a ponto de alcançar os torreões? E os lírios da última estrofe: estariam crescendo na torre? Não, certamente os amantes estão ao pé da torre, entre os lírios, sob os cedros.

Mas algo dessa torre vem golpear e ferir (*hería*): deve ser a *flecha do amor* (muito embora nenhum outro crítico o tenha sugerido), a flecha que transfixou Santa Teresa, na cena que a estátua de Bernini tornou visualmente familiar. É claro que nossa cena não deve ser visualizada tão concreta e plasticamente, ou com efeito tão pungente; a flecha que golpeia a nuca descoberta é apenas a brisa, que a acaricia suavemente, "*con su mano serena*" — sem por isso deixar de atingir seu alvo e trazer consigo a morte gentil. Esse é o momento do êxtase e da aniquilação ("*todos mis sentidos suspendía*"), daquele estado "teopático" bem conhecido de todos os místicos e muitas vezes descrito como mescla de doçura celeste e dor perfurante.[21] A mão

---

de Garcilaso *a lo divino*: nesse poema, o desesperado Silvano, rechaçado por sua Celia, visita uma torre: "*Allí* [!] *en otras noches de verano había gozado los favores de amor de su Celia, del alma*", e ali, sentado "*entre almena y almena*", recorda "*las noches de verano al fresco viento*". Mas apenas os dois últimos trechos citados podem ser encontrados no original de Sebastián de Córdoba, uma vez que a frase "*allí en otras noches* etc." não tem base no poema: "*Mis ojos el lugar reconocieron,/ que alguna vez miré, de allí contento,/ los favores de amor que se me dieron*" — em outras palavras, o lugar em que se deram as cenas amorosas não é a torre, mas um lugar que o amante pôde ver *da torre*. De qualquer modo, a almena de "En una noche escura" não tem absolutamente nada a ver com "*entre almena y almena*" na cena bem diferente que Sebastián de Córdoba descreve. O desejo de encontrar o elo perdido entre Garcilaso e San Juan de la Cruz forçou o historiador da literatura a enxergar uma semelhança de situações que não se vê nos textos.

21 Cf. o poema de Crashaw "In Memory of the Vertuous and Learned Lady Madre de Teresa": "*Oh how oft shalt thou complaine/ Of a sweet and subtile paine?/ Of intollerable joyes?/ Of a death in which who dyes/ Loves his death, and dyes againe,/ And would forever so be slaine!/ And lives and*

suave e feroz sugere uma personificação ousada, que entretanto não se materializa: o "*aire del almena*" não se enrijece numa figura de contornos definíveis (muito menos na figura do alegre Cupido de Bernini), ele se mantém como atmosfera vaporosa, à maneira de Murillo. É um agente intangível, imaterial, cuja atividade imperceptível conduz ao clímax — enquanto Cristo dorme. Esse ar que fere com serenidade seria um símbolo do Espírito Santo, que os comentários de San Juan de la Cruz comparam frequentemente ao ar (como na relação entre *spiritus* e *spirare*, "respirar")? Talvez não possamos ultrapassar o véu com que o santo espanhol tanto vela como revela o mistério da atividade inativa, da atividade quase natural da divindade.

E agora a última estrofe, que reproduz acusticamente a extinção gradual da vida, a morte pelo amor. Antes mesmo de chegar à estrofe, sabemos que todos os sentidos estão em suspenso, inclusive os nossos: os sentidos antes solicitados (o olfato pelas flores, o tato pelo ar) estão agora embotados; a vida sensível, que chegara a sua intensidade máxima na união mística, agora recua; o poeta estimulou os sentidos apenas para que conhecêssemos o erotismo *espiritual* vivido pela alma mística que *abandona* a vida sensível. Essa condição de privação ou *stéresis* é bem simbolizada pelos lírios imaculadamente brancos (*azucenas*), que se perfilam delicadamente contra a aurora, desprovidos de cor chamativa (ao contrário da romã do Cântico dos Cânticos). O místico úmbrio Jacopone da Todi diz da alma mística imersa no mar divino: "*en ben sí va notando/ belleza contemplando la*

dyes, and knows not why/ To live, that he still may dy", ou "Oh, quantas vezes vos queixareis/ de uma dor doce e sutil?/ De alegrias intoleráveis?/ De uma morte em que o moribundo/ Ama sua morte, e morre de novo,/ E quisera ser morto assim para sempre?!/ E vive e morre, e só vive/ Para morrer novamente". O mártir místico que "ama sua morte" não deve ser confundido com Richard Wagner, "amante da morte", de quem falaremos em breve. Deve-se ter em mente que o poema de Crashaw é uma louvação a Santa Teresa, não uma reencenação de suas experiências místicas.

qual non ha colore" ["ela nada em meio à doçura,/ contemplando uma beleza que não tem cor"].[22] Em nosso poema, a sugestão de um nada beatífico, de um autoesquecimento gradual dá-se pela combinação de dois procedimentos: de um lado, vemos um quadro de relaxamento físico, que conduz à extinção psíquica (*recliné mi rostro, dejéme*), de outro, um efeito acústico de sortilégio tranquilizante, produzido pela repetição monótona de sons. Quanto ao primeiro, *el rostro recliné* é inteiramente físico; *dejéme* mistura o físico e o espiritual; e *dejando mi cuidado* descreve apenas um estado de alma. O aspecto psicofísico e ativo-inativo da experiência não poderia encontrar expressão melhor que esse ambivalente *dejar*. Quanto aos efeitos acústicos, notemos as duas variações do verbo *dejar* (*dejéme* e *dejando*), as duas de *olvidar* (*olvidéme* e *olvidado*) e, em especial, a repetição da rima em *-éme* (*quedéme, olvidéme, dejéme*), que sugere uma descida gradual ao abismo do esquecimento. Com a cadência final e prolongada de "[...] *dejéme,/ Dejando mi cuidado/ Entre las azucenas olvidado*", sentimos uma transição do ato de abandonar o mundo para o estado que daí resulta — o esquecimento de si. Com a última palavra, *olvidado*, esse estado aparece como fato consumado, que de algum modo já se deu — de modo que, quando chegamos ao termo, sabemos que já o deixamos para trás. A alma *já* se dissolveu em Deus. E esse *já*, esse advérbio temporal que me parece sugerido por *dejando*, é a contrapartida do *ya* explícito das primeiras estrofes ("*estando ya mi casa sosegada*"): do começo ao fim do poema, vemos o progresso temporal da experiência mística.

San Juan de la Cruz foi capaz de transcrever a linha ininterrupta, a parábola dessa experiência, da procura enérgica à autoaniquilação, da ação humana à divina — tudo isso num poema curto, de oito estrofes (talvez para sugerir que algo tão

---

22 Suponho que a menção à *alborada* na estrofe v (em contraste com "*estando ya mi casa sosegada*") prepara a sequência temporal, a chegada da aurora, quando os contornos do mundo estarão mais apagados.

intenso não pode ser medido pela cronometria humana), um poema em que o mistério se apresenta com máxima clareza e simplicidade, como se o poeta sentisse que essa experiência, concedida apenas aos eleitos, é dotada de uma limpidez acessível mesmo às crianças.

Ao contrário do místico alemão Jakob Böhme, que recorre a neologismos para exprimir o inexprimível, somando o mistério das palavras ao da experiência misteriosa, nosso poeta, seguindo a sóbria tradição latina de toda a literatura religiosa em línguas românicas, contenta-se com a provisão de palavras à disposição, limitando-se mesmo a um número reduzido delas. Ao mesmo tempo, multiplica, por meio de repetição, variação e disposição sintática, a densidade de sua teia de relações semânticas, ressuscitando as memórias (carnais e espirituais) latentes em termos populares. Assim, muito embora nosso poema contenha apenas palavras familiares e inteligíveis aos espanhóis de hoje (com a possível exceção do galicismo *ventalle*, "leque"), essas mesmas palavras foram dotadas de uma profundidade mística que as faz parecer novas (muito embora sejam, com o perdão do senhor Shapiro, as mesmas de sempre). A mesma impressão de profundidade mesclada à simplicidade encontra-se na música de nosso poema, que é fácil sem ser trivial. Seu metro é o da *lira*, uma forma solene, semelhante à ode, que entretanto se torna cantável graças à predominância de uma rima em cada estrofe — no caso, uma rima feminina que acentua ainda mais a musicalidade da poesia espanhola; nem sequer as consoantes que ocorrem nessas rimas dissilábicas (quase sempre /b/s e /d/s aspirados e evanescentes) destoam do caráter vocálico da língua, sugerindo, ao contrário, o sopro suave do "*aire del almena*").

Seria possível dizer que, com a poesia mística de San Juan de la Cruz, a lírica renascentista espanhola toma distância de seu caráter de erudição e ornamentação verbal,[23] talvez por meio

---

23 Dámaso Alonso contrasta os *epitheta ornantia* [epítetos embelezadores] de Garcilaso e os substantivos sem epítetos de San Juan de la Cruz.

da influência da sublime poesia bíblica do Cântico dos Cânticos — que por sua vez perde em sensualidade: o mundo sensual daquele epitalâmio torna-se agora um reino fronteiriço entre os sentidos e a alma.[24] Tal mistura poética só seria possível num poeta em que se encontravam, de um lado, o ideal poético renascentista de beleza e clareza exteriores, e, de outro, a tradição da mística medieval, voltada para a contemplação íntima.

Mas resta ainda um problema importante a ser enfrentado antes de deixarmos este poema: a expressão da experiência mística por meio de imagens do reino sensível, a apresentação do amor místico em termos que poderiam descrever o prazer erótico — tudo isso não será sacrílego? Não será que o subsolo pagão do catolicismo sobe aqui à superfície?[25] Muitos de vocês devem ter formulado questões assim, mais ou menos explicitamente, enquanto ouviam minha explicação — uma vez que nossa época é pobre de gênios religiosos, a experiência psicofísica ou teopática do nosso santo não nos parece evidente. Eu diria apenas que a descrição do acontecimento místico em termos físicos confere um efeito visual de *realidade* que não teria sido possível de outra maneira. Também aqui, ainda que em sentido diferente, o corpo serve de liga, de "*allay*", para usar o termo de Donne: aquilo que confere concretude a uma emoção efêmera. Devemos aceitar com reverência o valor documental de nosso poema. Aqui podemos dizer que a beleza é a verdade, e a verdade, beleza:[26] a beleza da descrição do

---

24 Em outro poema, uma expressão como "*ninfas de Judea*" mostra bem a convergência das duas tradições em San Juan de la Cruz.

25 Creio que os espanhóis sentiram mais intensamente que outras nações a parte carnal da natureza de Cristo e, por isso, tendem a enfatizar a segunda das três pessoas divinas ("*verbum* caro *factum*"). Daí sua glorificação mística do sangue, que me faz pensar no sangue de Cristo. Parece-me errado atribuir-lhes um culto *pagão* de divindades sensíveis: são cristãos justamente porque o sensível lhes recorda a encarnação da divindade.

26 Spitzer alude ao conhecido verso de Keats em "Ode on a Grecian Urn": "*Beauty is truth, truth beauty*". [N.T.]

místico é testemunho de sua veracidade, e a força com que o acontecimento concreto se desdobra diante de nossos olhos é inegável: sabemos que aquilo de fato *aconteceu*. Vale lembrar que a capacidade de conferir a força da carne e do desenvolvimento temporal às experiências espirituais se encontra pela primeira vez em Dante, o maior dos poetas medievais, que substitui as alegorias atemporais da Amada perfeita pela imagem vívida de uma Beatriz que caminha, sorri e suspira, num poema que tem começo, meio e fim[27] (ao contrário do "Extasie" de Donne, em que somos lançados a uma alegoria atemporal pré-dantesca). A lírica moderna, mesmo a secular, deve a poetas religiosos como Dante e San Juan de la Cruz a força da carne e do tempo que eles souberam conferir à descrição dos sentimentos mais íntimos.

---

27 Essa diferença foi sublinhada por Erich Auerbach em *Dante als Dichter der irdischen Welt* (Berlim, 1929) [há edição brasileira: *Dante como poeta do mundo terreno* (São Paulo: Editora 34, 2022)].

Passemos agora a nosso terceiro retrato poético do êxtase; consideremos a cena da morte de amor (*Liebestod*) de Isolda ao final de *Tristão e Isolda*, "drama musical" de Richard Wagner.

A escolha pode parecer surpreendente à primeira vista, uma vez que o texto de Wagner dá a impressão de exigir a associação com a música — arte que por definição transcende as palavras. E é verdade que, neste caso, o texto da nossa *explication de texte* deverá ser arrancado ao contexto em que deveria sempre imergir. Contudo, como o próprio Wagner sempre incluiu o texto de suas óperas em suas obras completas, dando assim a entender que julgava sua poesia capaz de resistir por mérito próprio, temos boa justificativa para analisá-lo criticamente. E talvez justamente aqui, no caso de um poeta cujos textos costumamos ouvir mesclados com uma música inebriante ou submersos nela, a sóbria interpretação filológica das palavras possa ser mais necessária.[28]

---

28 Em seu ensaio sobre Wagner em *Leiden und Grösse der Meister* (Berlim, 1935), pp. 89ss., ao qual recorrerei extensamente na discussão que segue, Thomas Mann cita a mesma passagem como exemplo de mestria, de equivalente germânico da poesia dos *paradis artificiels* de Baudelaire e Poe.

Na comparação proposta por Mann entre Wagner e outros grandes escritores do século XIX, sinto a falta do nome de Victor Hugo, cuja

O cenário é uma falésia bretã à beira-mar, onde vemos Isolda junto ao corpo morto de Tristão, que ela encontrou tarde demais. Em seu monólogo, dirigido a Marke, Brangäne e Kurwenal, seguido de sua morte e transfiguração, ocorrem variações sobre os termos da cena de amor do segundo ato; o monólogo é cantado sobre a mesma música, o melodioso motivo da *Liebestod*, desenvolvido orgiasticamente pelos instrumentos, como contrapartida à monodia áspera do motivo da nostalgia (*Sehnsucht*). [Ver pp. 21-25.]

É a Tristão morto que Isolda moribunda vai se unir, num êxtase que marca a separação final entre corpo e alma. Isolda sente o estado transfigurado de Tristão, sente a luz que emana de seu olho ainda aberto ("*Immer lichter/ wie er leuchtet*"), o perfume que seus lábios ainda exalam ("*wie den Lippen/ wonnig mild/ süsser Athem/ sanft entweht*"), a música que ressoa de seu peito ainda palpitante ("*Höre ich nur/ diese Weise*"). Note-se ainda a síntese de sensações característica do êxtase, agora sublinhada pela insistência programática de um Edgar Allan Poe ou de um Baudelaire.[29] Segundo a ideologia wagneriana do "erotismo santificado", o amante morto é apresentado não apenas como sobrevivente à morte, mas como um *santo*, cujo corpo, contra-

> *Légende des siècles* bem poderia ser comparada aos mitos inventados por Wagner — deixando-se de lado o procedimento wagneriano de se limitar a mitos germânicos da Idade Média; a esse respeito, Wagner está mais próximo de "poetas filológicos" alemães de valor duvidoso, a exemplo de Felix Dahn.

29 Os recursos sinestéticos são também o fundamento da ideia, tão cara a Wagner, de uma obra de arte total (*Gesamtkunstwerk*), à qual todas as artes deveriam contribuir. Essa ideia é atacada por Thomas Mann como "mau oitocentismo": como se a adição quantitativa fosse capaz de um efeito amplificado! Contudo, o fato é que qualquer missa católica é uma *Gesamtkunstwerk* e que já os primeiros hinos de Ambrósio tendem a essa direção (cf. meu ensaio "Classical and Christian Ideas of World Harmony: Prolegomena to an Interpretation of the Word *Stimmung*, I". *Traditio*, vol. II, 1944).

riamente aos processos naturais, adquire qualidades miraculosas que fazem dele um deleite para os sentidos. O próprio Wagner percebia que essa filosofia seria de difícil aceitação por parte da plateia, pois Isolda sente-se constrangida a pedir a corroboração de seus companheiros (*"säh't ihr's nicht?"*), exatamente como no poema de Donne. Os versos 7-24, um tanto túrgidos, dão lugar à verdadeira poesia quando Wagner faz Isolda descrever a canção que ela, e ela apenas, ouve do corpo de Tristão (*"Höre ich nur/ diese Weise"*). O êxtase místico é precipitado, como é característico em Wagner, não pelo olho que depende da luz,[30] mas pelo ouvido que escuta uma melodia sobrenatural — pela música, radiante e dolorosa, forte e serena ao mesmo tempo, que transfixa Isolda como um dardo e a envolve como uma nuvem (*"in mich dringt/ [...]/ um mich klingt?/ mich umwallend"*). As faculdades de Isolda embotam-se gradualmente, de modo que ela não consegue mais distinguir as fronteiras entre os sentidos: *"sind es Wellen/ sanfter Lüfte?/ Sind es Wogen/ wonniger Düfte?"*. E, quando ela pergunta *"soll ich athmen,/ soll ich lauschen?/ Soll ich schlürfen [...]"*, notamos também o recuo gradual da vontade, por mais que a própria interrogação mostre que a razão ainda não se extinguiu. Mas logo se dará uma curiosa desintegração sintática, que faz eco ao relaxamento da vontade: os infinitivos destacam-se de *"soll ich"* e acabam por parecer semi-independentes, como se não fossem mais questões impostas pela consciência, mas efusões líricas livres — ao mesmo tempo que soam impessoais, sugerindo um processo sem agente: *"ertrinken —/ versinken"*. Esses infinitivos, parcialmente libertos da tutela de *sollen* e *wollen* (ou seja, da vontade), sugerem suspiros de alívio e de alegria, conforme a alma imerge no mar da autoaniquilação. Na sequência que começa com a dúvida diante da realidade do milagre (*"Höre ich nur/ diese Weise/ [...]?"*) e da natureza dos fenômenos milagrosos (*"sind es Wellen/ [...]/ Sind es Wo-*

---

30 O próprio Wagner escreveu (*apud* Thomas Mann, op. cit., p. 104): "Tenho a impressão de que o olho não é suficiente como órgão de percepção do mundo".

gen/ [...]*?*"), e que conduz às perguntas que revelam a gradual desintegração da vontade ("*soll ich* [...]?") e aos suspiros de libertação ("*ertrinken* —/*versinken*"), Wagner descobriu um recurso inimitável de onomatopeia sintática para exprimir os últimos estágios da união mística.

Entretanto, ainda que haja aqui, como em San Juan de la Cruz, uma atmosfera de "*todos los sentidos suspendidos*", o êxtase que Wagner quer descrever difere em um ponto essencial. A união ansiada por Isolda não é mais uma união direta com Tristão (que se perde de vista após o verso 32), mas com os elementos em que ele se dissolveu: o perfume, o sopro, os sons excitam em Isolda o desejo de uma mesma dissolução ("*mich verhauchen*") nesse mesmo meio (note-se como a preposição *um* sugere um ambiente: "*um mich klingt*", "*mich umwallend*", "*mich umrauschen*"), figurado aqui pelo mar: "*untertauchen/* [...]/ *In des Wonnemeeres/ wogendem Schwall/* [...]/ *ertrinken —/ versinken*".[31] Estamos diante da noção panteísta de fusão no universo de duas almas que se consomem de anseio e nostalgia. Nas palavras de Isolda — que ouvimos em voz de contralto profundo — não há nenhuma menção de movimento ascendente (como na apoteose final de O holandês voador), mas sim de descida ao oceano da autoaniquilação. Apenas a parte orquestral, que se une à voz de Isolda na última nota (um *pia-*

---

31 Thomas Mann (op. cit., p. 132) assinala uma passagem no diálogo dos amantes em *Lucinde,* de Friedrich Schlegel, que parece antecipar a atmosfera de *Tristão e Isolda* e que Wagner deve ter lido: "Ah, nostalgia eterna! — Mas enfim o anseio estéril, o vão fascínio do dia deverá se afundar e se apagar, e uma grande noite de amor se fará sentir eternamente". Esse trecho, supostamente de um diálogo em prosa, já é poesia, mas Wagner sublinhou seu caráter poético por meio da onomatopeia sintática. A transição gradual dos infinitivos, que passam de interrogações a exclamações, é antecipada na cena de amor do segundo ato: "*Wie es fassen/ wie sie lassen/ diese Wonne!/* [...]/ *ohne Wähnen/ sanftes Sehnen,/ ohne Bangen/ süss Verlangen*", ou "Como capturar/ como abandonar/ essas delícias!/ [...]/ sem se iludir/ suave ansiar/ sem temer/ suave demandar".

nissimo que acompanha *Lust*), faz pressentir uma apoteose e uma ascensão — como se o cúmulo da liberdade só pudesse ser conquistado com a descida às profundezas.

Esse oceano não é aquele vazio descrito por Jacopone e por outros místicos (inclusive San Juan de la Cruz): um vácuo criado pela alma a fim de que Deus venha preenchê-la. Ele surge como uma massa turbulenta de ondas, perfumes, sopro ("*In des Wonnemeeres/ wogendem Schwall,/ in der Duft-Wellen/ tönendem Schall,/ in des Welt-Athems/ wehendem All*"), governada não por um Deus pessoal, mas pelas forças violentas da natureza. No sistema wagneriano, o espírito do mundo, figurado aqui como "sopro do mundo" (*Welt-Athem*), identifica-se ao conjunto do universo (*das All*): já não é o espírito de Deus que sopra sobre as águas, mas sim *Deus sive natura* [Deus ou a natureza]. Esse *All* da natureza, como aparece no clímax da visão extática, é o verdadeiro noivo de Isolda. Os particípios *wogendem, tönendem, wehendem*, com seu teor onomatopaico e ritmo dactílico, acrescentam seu impacto à evocação do caos de movimento infinito. Vimos que, no poema espanhol, se alcançava um efeito poético com termos e expressões populares; Wagner, porém, vale-se da natureza da língua alemã e acumula combinações e compostos incomuns (*wogendem Schwall, Wonnemeer, Duft-Wellen*, para não falar do tremendo hápax *Welt-Athem*, que enche os pulmões de qualquer alemão) a fim de espelhar linguisticamente a abundância de formas em mutação incessante. Enquanto San Juan de la Cruz explorava a genuína riqueza vocálica da língua espanhola como convite a nos abandonarmos aos sentimentos serenos do poema, Wagner reforça a natureza consonantal do alemão por meio do recurso medieval da aliteração (em "*in des* W*elt-Athems/* w*ehendem All* —", os /a/ oclusivos têm um sabor consonantal), como se quisesse retratar o dinamismo de um universo túrgido e pulsante. Esse efeito de pulsação é reforçado ainda mais pela multiplicação insistente das rimas reverberantes que pontuam a longa oração dos versos 26-50 e que, de certo modo, servem também para fazer eco à intensidade latejante dos sentimentos de Isolda, essa alma que busca a liberdade, martelando contra os muros de sua própria individualidade, além da qual pode ouvir os vagalhões das forças cósmicas que prometem libertação. O dinamismo da dissolução que encontramos no poema de Wagner, a descrição do esforço apaixonado para se perder a própria identidade contrastam fortemente com o controle tranquilo que molda o poema espanhol, no qual a alma pode permanecer individualizada; da mesma forma, devemos distinguir entre a união com as forças impalpáveis do universo e a união com um Deus pessoal — na verdade, ambos os contrastes são interdependentes.

Chegamos assim aos dois últimos versos, "*unbewusst —/ höchste Lust!*", nos quais encontramos uma equação epigramaticamente isolada (soldada pela rima) de dois termos que formam a base da filosofia wagneriana (que não é a de Descartes ou Kant, mas sim a de Schopenhauer): o prazer (*Lust*) máximo está na libertação da consciência e da individualidade, isto é, no nirvana. Mas a palavra *Lust*, que se ergue inesperadamente sobre as notas graves de "*ertrinken —/ versinken*", traz apenas a *expectativa* de um prazer. No poema espanhol, todas as expectativas já se realizaram quando chegamos (ou quem sabe antes) ao *olvidado* final e a voz só pode abaixar-se. Mas aqui, com Wagner, devemos deixar a alma no umbral de novas experiências ou paraísos tímida e hesitantemente entrevistos: "*unendliche Werdelust*" ["infinito prazer de devir"] que permanece após o final do poema.

Notemos ainda que "*unbewusst —/ höchste Lust!*" é uma variação significativa de uma passagem do dueto de amor do segundo ato: "*ein-bewusst:/ [...]/ höchste Liebes-Lust!*". *Ein-bewusst* ["uni-consciente"], que se diz dos dois amantes, é substituído por *unbewusst* ["inconsciente"], predicado de Isolda apenas; e *höchste Liebes-Lust* ["máximo prazer do amor"] torna-se apenas *höchste Lust* ["máximo prazer"]. Por meio desse paralelismo (reforçado pelo mesmo motivo musical), Wagner insinua que o êxtase da morte representa a consumação do êxtase amoroso: pois o amor, como o segundo ato o apresentava, associava-se à noite e à morte (na mesma cena aparecia a expressão *Liebestod*, morte de amor) e definia-se como extinção da individualidade, extinção inalcançável à luz do dia, que contorna com nitidez as individualidades distintas, mas sim durante a noite de amor, que as reúne: "*ewig einig,/ ungetrennt*" ["sempre unos,/ indissociados"], "*ohne Nennen,/ ohne Trennen*" ["sem nome,/ sem cisão"]. A morte representa apenas um processo mais radical de dissolução da individualidade: a morte é uma noite de amor eterna. Se, em Wagner, a ideia de amor implica o anseio pela morte, assim também a morte tem um teor de êxtase erótico. O uso da mesma música para as duas cenas sugere que, na primeira, a ênfase recai sobre a morte-no-amor e, na segunda, sobre o amor-na-morte — a expressão *Liebestod* é ambivalente. Poderia mesmo ter um terceiro sentido, de "morte *do* amor", adeus ao amor: pois a Isolda moribunda não está se libertando das cadeias do mortífero instinto sexual? Quem sabe se o Wagner do período de Wesendonk,[32] incapaz de encontrar repouso da obsessão passional, não teria encarregado Isolda, essa valquíria dos sentidos, de morrer uma morte vicária *por ele*?

Já mencionamos várias diferenças de detalhe entre os poemas espanhol e alemão; vemos agora que são diametralmente opostos em seu tratamento do amor. Para glorificar o erotismo, Wagner eleva-o a um novo misticismo; San Juan de la Cruz glorifica (isto é, torna efetiva) a união mística e espiritual ao trazê-la para a carne. O universo de Wagner é panteísta e pan-erótico; o mundo de San Juan de la Cruz é orientado pelo amor divino.

Para os Padres da Igreja, o amor erótico era apenas um reflexo vil do amor a Deus, mas para Wagner, freudiano antes de

---

32 Em 1852, exilado na Suíça, Wagner apaixona-se por Mathilde Wesendonk, esposa do banqueiro que apoiava o compositor, e dedica a ela cinco *Lieder*. [N. T.]

Freud, o erotismo é a fonte de todos os tipos de amor.[33] Contudo, não se pode dizer que o panteísmo erótico de Wagner tenha raízes em uma confiança saudável e ingênua nos sentidos, como acontecia entre os gregos, em Goethe ou em Walt Whitman: ele é tingido de melancolia e pessimismo. Wagner inspira-se no desejo de submergir o fardo da vida e da individualidade no amor e na música de amor-morte. Jamais cantaria as folhas da relva.[34] Suas flores são *fleurs du mal* opiáceas, em contraste com os lírios de San Juan de la Cruz e as violetas de Donne.

Em termos estéticos, deve-se dizer que a forma poética escolhida por Wagner para exprimir sua filosofia é tão convincente quanto a de San Juan de la Cruz (e decerto a música dionisíaca do mestre alemão conquistou mais almas que qualquer artista de qualquer nação). Porém, sob a forma artística da poesia de Wagner (e sob a "melodia infinita" de sua música), acha-se a natureza amorfa de sua filosofia. Pois o desejo de escapar à in-

---

33 A mesma atitude que Santo Agostinho denomina *amabam amare* e que ele recusara como aberração juvenil é o cerne do conceito wagneriano de amor: a própria formulação *amabam amare* comparece, longe de qualquer conotação pejorativa, na primeira versão (em prosa) de *Tristão e Isolda*: "*Könnte ich die Liebe je nicht mehr lieben wollen?*" ["Pudera eu não querer mais *amar* o *amor*!?").

34 Deve-se reconhecer, entretanto, que Walt Whitman não deixou de sacrificar no altar do amor-morte deificado; cf. o poema "Scented Herbage of My Breast": "[...] *you* [*the leaves*] *make me think of death./ Death is beautiful from you (what indeed is/ beautiful except death and love?)./ Oh I think it is not for life I am chanting here/ my chant of lovers./ I think it must be for death.../ Death or life I am then indifferent, my soul/ declines to prefer, (I am not sure but the/ high soul of lovers welcomes death most)*", ou "Vocês [as folhas] me fazem pensar na morte./ Vinda de vocês, a morte é bela (e de resto o que é/ belo senão a morte e o amor?)./ Oh, não é para a vida que canto aqui/ meu canto de amantes./ Deve ser para a morte.../ Morte ou vida, que diferença faz, minha alma/ declina escolher (talvez/ a alma altiva dos amantes acolha melhor a morte)". De resto, a coincidência de datas é surpreendente: o poema de Whitman foi escrito em 1860, a "Invitation" de Baudelaire e *Tristão e Isolda* são de 1857.

dividualidade, seja por meio do amor, da morte ou da música — tendência que levou a resultados trágicos na história alemã dos séculos XIX e XX —, é sempre um desejo essencialmente amorfo e niilista de sucumbir ao caos do universo. Em contrapartida, a filosofia mística que preserva e purifica a personalidade, que só se aniquila diante do Criador, representa um triunfo da forma íntima sobre o caos do mundo.

O clímax do desejo é representado em nossos dois poemas pelos dois verbos reflexivos, *mich verhauchen* e *dejéme:* é característico que o primeiro se refira ao processo meramente físico de evaporação e o segundo, a um ato deliberado da vontade de um ser moral.

As três leituras que perfazem *Três poemas sobre o êxtase* integravam um ciclo de aulas que Leo Spitzer deu em 1948, no Smith College de Northampton, em Massachusetts, o que explica sua alusão a uma "série de preleções" [p. 29] e ainda a apóstrofe dirigida a "muitos de vocês" [p. 62]. O ensaio apareceu originalmente em *A Method of Interpreting Literature* [Northampton: Smith College, 1949] e foi recolhido em Leo Spitzer, *Essays on English and American Literature* [Princeton: Princeton University Press, 1962], organização de Anna Hatcher. Uma primeira versão da tradução foi publicada na revista *Inimigo Rumor* 12 (2002) e, como livro, pela editora Cosac Naify (2003).

Three Poems on Ecstasy © Leo Spitzer, 1949

Tradução e edição Samuel Titan Jr.
Tradução dos poemas Augusto de Campos, Carlito Azevedo
   e Haroldo de Campos
Tradução das citações latinas Angélica Chiappetta
Tradução das citações hebraicas Luís Krausz
Preparação Leny Cordeiro e João Cândido Cartocci Maia
Revisão Giselle Lazzari e Samuel Titan Jr.
Projeto gráfico Bloco Gráfico
Assistência de design Lívia Takemura

Esta edição © Editora 34 Ltda., São Paulo, 1ª edição, 2024.

A reprodução de qualquer folha deste livro é ilegal e configura apropriação indevida dos direitos intelectuais e patrimoniais do autor. A grafia foi atualizada segundo o Acordo Ortográfico da Língua Portuguesa de 1990, que entrou em vigor no Brasil em 2009.

CIP – Brasil. Catalogação na Fonte
(Sindicato Nacional dos Editores de Livros, RJ, Brasil)

Spitzer, Leo, 1887–1960
   Três poemas sobre o êxtase:
   John Donne – San Juan de la Cruz – Leo Spitzer
   tradução de Samuel Titan Jr.; poemas traduzidos
   por Augusto de Campos, Carlito Azevedo e
   Haroldo de Campos. São Paulo: Editora 34, 2024
   (1ª Edição).
   80 pp.

ISBN 978-65-5525-188-3

---

1. Teoria literária. I. Donne, John (1572-1631).
II. Cruz, San Juan de la (1542-1591). III. Wagner,
Richard (1813-1883). IV. Campos, Augusto de.
V. Azevedo, Carlito. VI. Campos, Haroldo de
(1929-2003). VII. Título.

CDD 801

Editora 34 Ltda.
Rua Hungria, 592 – Jardim Europa
São Paulo – SP – Brasil
CEP 01455-000
Tel (11) 3811-6777
www.editora34.com.br

Este livro foi composto em Chassi
e impresso em papel Pólen Bold 90 g/m²
na gráfica Loyola para a
Editora 34 em junho de 2024.